# 다시, 해동<sup>孩童</sup>

이인오 디카시조집

# 다시, 해동孩童

한강

시인의 말

봄이다
천지가 만개한 꽃으로 덮인 듯
아름답다

아이의 시선으로 바라보는 자연이
전해 주는 언어가
사랑이 싹트기를 빌다가
가시에 찌르는 날 많았다

삶이란

맨발로 등짐 지고 걸어가는
광야가 아닐까

어린아이의 순수함을
간직한 이들만이
가나안 땅을 차지할 것이라 믿는다.

2024년 10월에<br>이인오

이인오 디카시조집   다시, 해동

차 례

□ 시인의 말

## 제1부 나의 다비식

나의 다비식 —— 13
일출 —— 14
초복 —— 15
봄처녀 —— 16
새봄 —— 17
봄소식 —— 18
끝물 —— 19
어떤 풍장 —— 20
모과 —— 21
개양귀비 꽃 —— 22
구절초 —— 23
옥수수 —— 24
수세미 —— 25
수선화에게 —— 26
머위 꽃 —— 27
봄까치꽃 —— 29
꽃샘바람 —— 31

다시, 해동                    이인오 디카시조집
차 례

## 제2부 미지의 세계

35 ──── 조언
36 ──── 동물도감
37 ──── 벌거숭이
38 ──── 아수라 입
39 ──── 흔적
40 ──── 희생
41 ──── 철없게 핀
42 ──── 돌발 사고
43 ──── 후끈, 달다
44 ──── 이정표
45 ──── 유토피아
46 ──── 간격
47 ──── 불면
48 ──── 허기
49 ──── 미지의 세계
50 ──── 전설
51 ──── 서민
52 ──── 바람 앞에서

이인오 디카시조집     **다시, 해동**
차 례

### 제3부 외딴섬

매미 —— 55
유황 —— 56
새 —— 57
피노키오 —— 58
나목 —— 59
빈 의자 —— 60
외딴섬 —— 61
타조 —— 62
십자가 —— 63
돌연변이 —— 64
화병 —— 65
참새 —— 66
휘파람새 —— 67
드론 —— 68
철새 —— 69
화목 난로 —— 70
무시래기 —— 71
과메기 —— 73

**다시, 하동** 이인오 디카시조집

## 제4부 **불꽃놀이**

77 ── 그해 겨울
78 ── 접지하다
79 ── 어떤 다이어트
80 ── 나른한 오후
81 ── 불꽃놀이
82 ── 불멍
83 ── 회개
84 ── 동행
85 ── 라파엘호
86 ── 파라오
87 ── 푸른 용의 전설
88 ── 산신령
89 ── 사해
90 ── 망부석
91 ── 천지 창조
93 ── 통영에 잠들다
95 ── 휴일
96 ── 아담과 이브

이인오 디카시조집   다시, 해동

차 례

## 제5부 빛의 음자리표

백년해로 ——— 99
불완전에 대하여 ——— 100
치매 ——— 101
빛의 음자리표 ——— 102
창밖의 여자 ——— 103
유혹 ——— 104
허공에서 ——— 105
여보, 당신 ——— 106
홍일점 ——— 107
그리움 ——— 108
밀어 ——— 109
비 울음 ——— 110
장독대 ——— 111
돌아온 탕자 ——— 112
모자 사이 ——— 113
다시, 해동 ——— 114
웃음꽃 ——— 115
꿀벌이 ——— 117
치자꽃 향기 ——— 119

제1부

# 나의 다비식

## 나의 다비식

노을 위에 누워 타오르고 싶다
벌거숭이 몸뚱이로 불쏘시개 되어
연기로
사라지는 그날
웃으며 그대 곁에

# 일출

하늘이 후끈 달아오르자 열린 자궁
그 안에서 서서히 빠져나오는 태아
바다는
양수를 펼쳐
탯줄로 길을 만들고

## 초복

무더위 잊으려ㄷ 잡으려던 씨암탉
잽싼 손 피해 달아나다 너무 급해
한 덩이
흘려 놓고서
그대로 화석 된 듯

## 봄처녀

잎새의 그늘에서 잠시 짬을 내다가
서성이는 봄바람 잎으로 스며들면
꽃향기
듬뿍 묻혀서
그대 찾아갈 게요

# 새봄

자박자박 비 몰고 오는 발걸음 소리에
살짝 물오른 꽃가지로 터지는 봉오리
시새운
꽃샘바람은
저만큼 엿보는디

# 봄소식

따스한 볕살 아래 바람이 너무 매워
꽃샘추위 피하려 날갯짓 접었는데
기다란
내 그림자와
속삭이며 오는 봄

## 끝물


바람도 살그머니 멈추는 나무 아래
나 홀로 열렸어도 알아 달라는 듯
여물지
못할지라도
꼬투리를 밝힌다

## 어떤 풍장

먼바다를 거슬러 왔다
지친 몸뚱이
풍랑에 찢겨진 채 떠밀려 누운 자리
아무도
모르는 채로
바람이 되어 가는

# 모과

오랜 시간 기다림을 홀로 견디었지
떨어진 잎새들과 놀다가 잠든 밤이
무수히
지나갔지만
여전히 난 혼자였어

## 개양귀비 꽃

누가 내 이름 앞에
개를 붙였을까요
너무 예뻐 시샘하는 바람일까요
길가에
홀로 피어나
비에 젖고 사는데

## 구절초

가슴에 묻은 아픔 돌무덤 쌓았어요
젖어 든 마음자리 바람이 말려 줄까
그리움
꽃잎에 숨겨
화알짝 피었네요

## 옥수수

시골집 뒷마당에 자리 잡은 우리 텃밭
식구들의 발걸음에 저렇듯 자랐을까
초록의
잎새 사이로
수염이 탐스럽다

# 수세미

개복숭 나무줄기 타고서 앉아 있네
수북한 잎새 뽐내며 사랑도 했었다네
바람결 스트라이크 홈런도 꿈꾸다가
오르고 싶은 저 높은 그리움의 그곳
꿈결에 날아왔던 야생의 숲 언저리
돌아갈 날을 기다려 허기를 잠재우네

## 수선화에게

너는 누구라서 내 눈앞에 웃고 있나
제 모습 보고 놀란 나르시스 눈빛에
외로움
젖어 들도록
유혹한 게 너로구나

## 머위 꽃


들꽃으로 피어나 그대 눈에 띄고 싶었던
더딘 봄 기다림에 눈물 고인 가슴앓이
한 방울
떨군 볼 위에
그리움 멍울멍울

# 봄까치꽃

쇠 철망 덮개
저 어둠의 아래에서,
움츠린 채 내내 봄을 기다렸어요
하수구 오물 쾀새로 범벅인 몸뚱이로
빗물에 떠밀릴까 봐 마음 졸이며
밀려가는 잔뿌리 휘감고 치던 몸부림
생존은 늘 줄타기처럼 아슬아슬했지만
가림막 서성거린 바람이 스며들면
흔들리는 파란 잎새가 너무나 부대껴서
한 줌의
꼭 품은 햇살로
설움 물고 피었어요

# 꽃샘바람

시베리아 벌판을 떠돌던 선돌 바람
얼음 제왕을 업고 와 마른 풀더미 속 까투리를 떨게 만들
어도 여인네 느슨해진 옷고름 틈새 곁을 맴돌며, 안아 달
라는 듯 간지럼 태우는 연인으로 볼 스치더니 솜털 돋아
나는 가지를 꺾으려는 거친 사내의 손길로 모습을 바꾼다
찢겨진 잎새가 손을 내민 흙덩이 곁을 서성이던 바람
눈부신 햇살에 취한 채 구멍을 향하여 냅다 휘파람으로
비명을
내지르는 듯
단말마로 사라진다

제2부

# 미지의 세계

## 조언

구속은 너무 싫어 자유롭게 산다 했지
아무리 다른 길로 계속 내달려 봐
척박한
자갈땅에서
살아낼 수 있겠어

## 동물도감

제 몸으로 사진을 찍겠다더니
포즈를 요리조리 취한다더니
흔적만
남겨놓은 채
사라져 버렸네요

# 벌거숭이

몸뚱이 감싸던서 돌고 도는 혈관들
숨결이 전해 오는 떨림이 하도 뜨거워서
걸쳤건
겉옷마저도
전부 벗고 말았어

## 아수라 입

저 안에 내 마음이 들어 있을지 몰라
잠재운 결핍 속에 내 것만 채우려고
잔머리 굴리는 재주를 키우고 있을지도

# 흔적

가슴속 다 비워 놓고 통곡했던 그리움
마음 슬플 때마다 생겼을지도 몰라요
실금의
작은 상처가
덧난 것일는지도

## 희생

세상의 모든 눈물 혼자 다 흘릴 거예요
이 한몸 다 닳아서 없어져도 좋아요
당신의
간절한 염원
이루는 그날까지

# 철없게 핀

때늦어 사그르-진 잎새의 귀퉁이로
꽃 한 송이 피으려고 빗속에 떨다가
찢겨진
가지 끝에서
서럽게 피었어요

# 돌발 사고

뻗어 나간 줄기에 피었던 꽃잎 하나
문지방 넘어오는 바람에 혹하더니
아뿔사
걸려들었네
네가 친 거미줄에

# 후끈, 달다

폼나게 뽐내면서 나날이 익어 갔지
녹록잖은 세상살이 부대끼며 살다가
햇살에
마음 뺏긴 날
들켰어. 부끄럽게

# 이정표

지는 노을 바라보며 무슨 생각할까요
엇갈린 길이지만 우리 언젠가는 꼭
만나는
인연이라면
이름을 새겨 줘요

# 유토피아

오랫동안 그려 왔던 너와 나의 별천지
저 굴을 통과하면 환하게 웃게 될까
드넓은 초원 속에서 사슴과 뛰어놀고
기억 저편 어디쯤 그리움 데려와서
치유되지 않는 곪은 상처 싸매 주는
훈훈한 입김 서리는 저 따순 동굴 너머

## 간격

서로가 소리치면 들릴 것도 같지만
다리를 뛰어가는 발소리 들려와도
하지만
무심의 거리가
너무너무 멀어요

# 불면

물먹은 달 끌어와 눈꺼풀에 얹어 놓고
까칠한 눈자위가 찔리는 느낌처럼
지워도
다시 새겨지는
어느 날의 그 기억

## 허기

동면에서 선잠 자다 깨어난 늙은 물뱀
다 삭은 가지마다 걸려 있는 출출함에
절반쯤 나온 몸뚱이로 사방을 둘러보다가
시린 물기가 바람결에 스쳐 오면 마른 물이끼
곁이라도 옴팡 파 들어가고 싶은 마음에
고개를 바짝 쳐들고 정신 줄을 잡는다

# 미지의 세계

저 바다
건너 세상 그 너머를 그려 봐
가나안 땅을 차지한 여호수아처럼
우리도 낙원을 향해 사전답사 떠나 볼까

# 전설

비록 우리 사이 바다가 막을지라도
꿈같던 그리움을 심어 놓은 이 순간
이대로
주저앉아서
망부석 되고 싶다

# 서민

행간도 여백즈차도 없는 무질서로
비바람에 젖은 채 하루를 껴입어도
보듬는
담장 너머로
웃음 줄 수 있어 좋은

# 바람 앞에서

여행에서 오는 길에 풍경을 하나 샀다
길 잃은 바람 담아 처마에 걸었더니
풍경은
소리 고르면서
저 혼자 울고 있다

제3부

# 외딴섬

# 매미


칠 년의 그 어둠을 침묵으로 견디었죠
내 허물은 바람결 나뭇가지에 걸어 두고
오로지
그대를 향해
그리움을 부를래요

# 유황

끓는 물처럼 보인다 또랑을 흘러 흘러
개울을 만들어 가는 접근 금지 구역
활화산
끌어안고서
돈 버는 이웃 나라

# 새

나는 더 멀리 날겠어 저 먼 곳을 향해
아스라한 허공을 찢고 파도에 바람 실어
수평선
그 너머 넘어서
그대가 기다리는

# 피노키오

매일 방아만 돌릴 거냐고 묻지 마라
내 코가 줄어드는 오직 참 진실만을
별안간
말하는 그 순간이
금세 올지 모르니까

# 나목

나이 들어 싹뚝 모가지가 잘렸지만
고된 나날 절망과 싸워 싹을 키웠네요
세상사
부딪혀 보니
웃는 날 오더이다

# 빈 의자

병원에 간 그 남자는 아직도 안 왔을까
텃밭에 잔풀들은 기세도 당당한데
옥수수
익을 때쯤은
돌아올 수 있을까

## 외딴섬


온다던 그 여자는 기별도 없고
저 남자 기다림은 수위를 넘어
점점이
가라앉은 몸
얼굴만 남았으니

# 타조

나를 언제쯤 날게 해줄 수 있을까
솟구치는 그리움 저 너머 묻어 두고
자잘한
소망들이 모여
돌탑을 다 이뤘네

## 십자가


이승의 고인 눈물 모이고 다 모여서
벌거벗은 십자 나무 열매로 열리더니
기진한
삶의 터 전에
보석 도어 나누네요

# 돌연변이

비 온 뒤 자란 꼴이 서로 다른 버섯
왜 이렇게 모습이 별스럽게 다를까
하늘의
별을 너무나
쳐다봐서 그런 거지

## 화병

누군가의 무엇이 되고 싶었어
둘이 서로 바라보다 같은 마음으로
보듬고
감싸는 사이
한 울안이 되었지

# 참새

작은 수풀 속
숨바꼭질하던
새무리
길가에 흘린 모이 무심히 지켜보다가
아뿔사 한 알이라도 냉큼 더 내 입으로

# 휘파람새

풋보리 익을 때쯤 조릿대 수풀 사이
순이를 불러내던 아련한 노랫소리
그녀가
그립다는 말
아직도 못했는지

## 드론

사람을 위해 태어났어 빠르고 가볍거든
혼자서 어디든지 갈 수 있고 배달도 해
나에게
불가능은 없어
낮은 곳도 잘 살피는 걸

# 철새

하늘 덮고 날아오를 때 놓친 그대
어디를 허둥대다 가는 길 잃었을까
하루해
저물어 가도
떠날 줄을 모르고

## 화목 난로


얼굴 마주 보며 시린 마음 덥혀 줬지
더 이상 같이 갈 수 없다는 붉은 눈물
다 저녁
낯선 거리에서
임종 기도 올리는 중

# 무시래기

맞바람 처마 밑에 막대 하나 걸어 놓그
울 어매 젖은 날이 바람을 품으면서
허기로
남겨진 몸피
꼬들꼬들 말라가요

# 과메기

덕장에
부딪히는 해풍을 끌어안고,
젖어 든 소금물에 드러난 맨살끼리
거꾸로 세상을 보는 퀭한 눈은 뉘인지

이름도 바뀌었다 곰삭은 덕장에서
보름달 뜰 때까지 꼬들꼬들 말라가며
우러낸 거품들끼리 기억 속을 떠돌다가

탁배기 한잔 부어 마늘 고추 곁들여서
새참 상에 오른 아버지의 검은 바다
골 깊은
파도 헤치는
굽은 뼈가 풀린다

## 제4부

# 불꽃놀이

# 그해 겨울

그날은 유독 많은 눈이 종일 내렸어
목에 두른 긴 스카프로도 가릴 수 없었던
코끝은 삐에로처럼 빨간 물이 들었지
요동치는 떨림을 감지하는 가슴이
꿈은 아니라고 아려 왔던 그 시각
꼭 잡은 손등 위에서 성을 쌓고 있었지

## 접지하다

요즘은 맨발 걷기가 유행이래요
자, 우리도 한번 황톳길 걸어 볼까요
비 와도
우산 쓰고서
앞서거니 뒤서거니

## 어떤 다이어트

일하기 전 몸부터 풀자던 윤 부장님
눈치 주는 김 비서를 막연히 바라보며
체력은
국력이에요
살부터 좀 빼세요

## 나른한 오후

적막이 떠돌다가 실내에 머무르면
젖어 든 분위기가 불러낸 졸음일까
한 알의
푸른 사과도
보던 책을 덮는다

# 불꽃놀이

밤하늘 수놓은 건 별꽃만은 아닌 것을
그대를 반기려고 불꽃이 피는 것은
달콤한
아이스크림콘
더 만들고 있는 중

# 불멍

갈바람이 우리의 시간을 몰고 간 뒤
나는 늘 너만을 간절히 바라봤지 작은 불씨를
심지 끝에 붙이며 숨 막힌 애증까지 불쏘시개로
던져 놓고 그저 오로지 너만을 애타게 찾았지 한때는
나의 불꽃이고 내 피 물린 결핍이고 그리움이었어
로마의 그 황제처럼 나도 네게 미친 걸까

# 회개

다시 돌아오기 위해 사랑하기 위해
애착을 끊어야 하는 삶의 자리
골 깊은
그 자리에서
무릎을 꿇습니다

## 동행

젖은 모래 위를 맨발로 걷다 보니
떨어진 잎새 하나 가만히 앉아 있네
내 발등
타고 있으니
함께라서 좋으네

# 라파엘호

조국을 향한 간절한 첫 사제의 소명
풍랑 속 표류하며 울부짖던 염원을
천사의
이름 걸어 놓고
지켰던 라파엘이여

## 파라오


용감했던 왕이여 다시금 일어나라
잊지 말라고 그 얼굴 다시 새긴 조각상
먼 훗날
이방인들도
그대를 추모하리

# 푸른 용의 전설

이승과의 통로가 된 늘푸르던 그 연못
끊임없이 피고 지는 연꽃들의 늪지 아래
아무도 모르게 생활하는 그들만의 보금자리
낮이면 인간으로 밤이면 용으로 변신하는
그들은 진정 우리가 상상하던 동물일까

## 산신령

이승의 우거진 숲 동물들과 살고 있다
때때로 모습을 드러내 보이기도
수원지 물줄기 속으로
그 모습을
드러낸

## 사해

이승에서 가장 낮은 자세로 누운 나의 바다여
소금이 될 수밖에 없다고 단념하며
지상의 모든 오물을
받아들인
그 자리

# 망부석

곧바로 오겠다고 굳은 언약 했었지요
파도를 일으키며 지나는 성난 바람
석양은 넘어가는데
마음만
애달프고

# 천지 창조

우리의 모습으로 만든 아담에게
생기를 불어넣어 숨결을 주었다는
하늘의
영광과 땅의
축복이 내린 오늘

# 통영에 잠들다
― 박경리 무덤을 찾아서

내 그림자
등에 업고 걷는 길에 동백은
때 이른 봄을 데려와 꽃을 피우고 있었네, 바람은 울타리 너머로 휘파람 불며 지나가고 물새의 발자국이 먼저 가서 나는 황혼처럼 슬펐네, 개암 열매가 나뒹굴던 가을 길을 돌아오고 싶었지만 등에 업힌 그림자가 또 하나 겹쳐서 갈꽃이 다소곳이 내주던 길, 내 눈동자는 붉어지고 고개를 숙이자 부끄러운 가슴이 컥컥 소리를 치면 얼룩을 지우던 바람이 중얼거렸네, 꿈틀거리는 거라고, 별 하나 되어 떨어진 그 자리에 그녀 홀로 살고 있었네 나는 가만히 내 등에
그림자 내려놓고
집 문밖에 서 있네

# 휴일


이승의 긴
하루의 끝에서 툴툴 털면
나오는 건 울음이고 한숨이었어
떠밀려 가는 삶의 길이 너무나 고달팠지

새벽별 등에 업고
졸린 눈 가물가물
속울음 삼키면서 삶의 길에 쫓겨도
가끔은 햇살에 맡겨 젖은 몸을 말린다네

# 아담과 이브

그들은 행복했지 서로가 벗었어도
그저 그냥 그렇게 몰랐어도 되는 것을
죄악에
물들게 될 즘
동산에서 사진 한 컷

## 제5부

# 빛의 음자리표

# 백년해로

여보 영감 사진 한번 찍읍시다
당신은 꼴사나워 싫다지만 그래도
백년을 함께 살아온
여보 당신
훈장인터

## 불완전에 대하여

언제든 한번 걸어 볼까 생각은 했지
나를 찾아가는 길일지도 모르고
순수와 걷는 길이라 타협은 싫었거든
한 발짝 뗄 때마다 비틀어진 행간은
통증을 가져와서 피를 흘리게 했어
삶이란 절름거리며 걸어가는 여정일까

# 치매

하늘을 쳐다보며 더 높이 더 높이
저 나무 끝에라도 걸리고 싶다더니
이승과
결별 못 하고
걸쳐 있는 저승 문턱

## 빛의 음자리표

처절했던 삶의 고단함은 나를 뒤틀었고
그만 주저앉고 싶은 마음 아려 와
마침표
찍으려는 순간
햇살이 비쳤어요

## 창밖의 여자

그 여자는 날마다 창가를 기웃거렸어
입김 서린 저 너머 그 곁을 서성이다
자꾸만
야위어 가며
한 번만 더 한 번만

## 유혹

그냥 꿀만 따려고 앉았을 뿐인데
꽃잎이 내민 한잔에 너무 취해서
흥건히
젖어 버린 채
빠져 있는 호랑나비

# 허공에서


다스라한 하늘 끝이 멀미가 난다지만
소란한 곳보다야 낫지 않겠어요
그대가
돌아올 더를
단장하고 기다려요

## 여보, 당신

둘이서 하나 되어 서로 믿고 살자 했지
서로가 보듬고 행복하게 살자 했지
비라도
내리는 날은
서로 감싸 주자던 당신

## 홍일점

깨금발 들어 보며 같이 놀자 해도
난 네게 쉽게 다가갈 수가 없어
그리움
줄기 끝에서
마음만 절절해져

# 그리움

올해도 어김없이 메꽃이 피었어요
가슴은 얼기설기 구멍 난 이 몸뚱이
메꾸려
환하게 핀 듯
콧등이 시큰해요

# 밀어

자기야 저것 봐요 해가 저물고 있어
이젠 그만 집에 가야 할 시간 됐어요
아쉽다
한 번 가까이,
다시 한 번 더 가까이

# 비 울음

허름한 움막 뒷산 대숲에 부는 바람
사그락사그락 서로서로 부딪치는 소리가
설움에 젖은 빗소리 같아서 슬프다던
그 남자 이슬 젖은 눈길로 서성이다
돌아선 댓잎에 걸린 빗물조차 힘겨웠을까
그 이후 돌아오지 않아 나 홀로 서러웠다

# 장독대

간장, 된장 담아 놓은 엄마의 살림살이
설움도 쟁여 넣고 눈물도 한 바가지
어머니
손에 든 행주는
닳아서 너덜너덜

## 돌아온 탕자

제 몫을 챙겨 집을 떠난 그날 이후
곤궁에 허덕이며 치우던 돼지우리
꼬르륵 허기 나는 배 눈물로 채웠었지
간절했던 하루의 끼니도 얻지 못한 채
노을 걸린 해 멀미로 찐 설움 쏟아내며
돌아온 아들 끌어안고 기뻐하는 아버지

## 모자 사이

아들, 우리 북 치고 장단 맞혀 노래하자
온 누리에 풍악이 울리면 좋은 거란다
어머니,
풍년이라고
초록이 움을 터요

## 다시, 해동孩童

저 산 너머 아이들의 세상 있을까
꼭 가봐야 할 곳이라도 있는 듯
앞서는
형 뒤따르는
개구쟁이 뒷모습

## 웃음꽃

비 오는 날
젖은 머리 말리려고 들른 카페
꽃잎 차
시켜 놓고 활짝 웃는 네 모습
수줍은 설레임으로 피어나 더 여쁜 꽃

# 꿀벌이

우리 집 재산 목록
제1호 털복숭이
세상을 똥구덩이로 덧내고 다니지만
집안의 외인 출입을 가려내는 지킴이

눈 내리던 긴 겨울 산길에서 만났었지
검은 비닐르 묶여진 채 쫄래쫄래 따라와
내밀던 그 얼굴 차마 떨치지 못했던 죄

간식을 잊을 때면 아련한 눈망울로
먼 곳을 응시하듯 나를 보는 애물단지
그 눈빛
옛사랑 닮은
유기견이 꿀벌이지

# 치자꽃 향기

그 여름 달빛 아래
우리는 원했지요
코끝에 와닿는 감미롭던 그 향기
새하얀 꽃잎마저도 모두가 한맘이었지요

은밀한 고요마저
함께 했던 그 시간
너의 두 눈에서 떨리던 그 달빛이
어린 듯 그 바람 떨리듯 풀어 주던 옷고름

지금도 아슴아슴 그 자리 떠오르면
아련한 기억 속에 애틋한 그림자 하나
꽃잎에
그리움 깔고
자리에 서 있어요

## 다시, 해동

발행 l 2024년 10월 30일
지은이 l 이인오
펴낸이 l 김명덕
펴낸곳 l 한강출판사
홈페이지 l www.mhspace.co.kr
등록 l 1988년 1월 15일(제8-39호)
주소 l 서울특별시 종로구 인사동11길 16, 303호(관훈동)
전화 02) 735-4257, 734-4283   팩스 02) 739-4285

값  13,000원

ISBN  978-89-5794-573-5  04810
      978-89-88440-00-1 (세트)

※저자와의 협약에 의해 인지는 생략합니다.
※잘못된 책은 바꾸어 드립니다.
※이 책은 한국예술인복지재단의 예술 활동 준비금을 지원받아
  제작되었습니다.